MUTIG DEN **GLAUBEN BEZEUGEN**

MUTIG DEN GLAUBEN BEZEUGEN

GERHARD KARDINAL MÜLLER

Herausgegeben von
Bischof Rudolf Voderholzer

unter Mitarbeit von
Michael Fuchs, Hans Gfesser, Clemens Neck,
Christian Schaller und Jakob Schötz

SCHNELL + STEINER

Bildnachweis:
Bischöfliche Pressestelle, Regensburg
Christoph Brech, München
Christoph Kirzinger, Rom
L' Osservatore Romano, Città del Vaticano
Altrofoto Regensburg, Uwe Moosburger

Bibliografische Information der Deutschen Nationalbibliothek:
Die Deutsche Nationalbibliothek verzeichnet diese Publikation
in der Deutschen Nationalbibliografie; detaillierte bibliografische
Daten sind im Internet über http://dnb.dnb.de abrufbar.

1. Auflage 2014

Satz: typegerecht, Berlin
Umschlaggestaltung: typegerecht, Berlin
Druck: Erhardi Druck GmbH, Regensburg

ISBN 978-3-7954-2943-0

Weitere Informationen zum Verlagsprogramm erhalten Sie unter:
www.schnell-und-steiner.de

INHALT

ZUM GELEIT

Das Purpurrot des neuen Talars und des Biretts leuchtete hell in der Sonne – sowohl vom 22. bis 24. Februar bei den Feierlichkeiten in Rom wie auch am 4. Mai 2014, als das Bistum Regensburg seinen früheren Bischof »daheim« empfing. Am 12. Januar 2014 war das Konsistorium angekündigt worden, bei dem Papst Franziskus in Rom 19 neue Kardinäle kreieren würde, darunter den Präfekten der Kongregation für die Glaubenslehre und früheren Bischof von Regensburg Gerhard Ludwig Müller. Eine stattliche Delegation aus Bayern war schon mit nach Rom gekommen, um der Zeremonie im Petersdom am 22. Februar beizuwohnen, die Gelegenheit zu nützen, den neuen Kardinälen im Vatikan zu gratulieren, die sonntägliche Eucharistie am 23. Februar mit zu feiern und mit Gerhard Kardinal Müller (den zweiten Vornamen zu nennen ist bei Kardinälen nicht üblich) dann am darauffolgenden Montag am Kathedra-Altar im Petersdom Dank zu sagen. Zur Feier am 4. Mai war der Dom bis auf den letzten Platz gefüllt, und auf dem Domvorplatz wurde im Anschluss an die nachmittägliche Messfeier bei herrlicher Abendsonne gefeiert.
Diese Eindrücke festzuhalten ist Sinn und Zweck dieses Buches. Festzuhalten, auch für die Geschichte des Bistums Regensburg und für diejenigen, welche die Ehre hatten bei diesem denkwürdigen Ereignis mit dabei zu sein. Und natürlich soll dieses Buch gerade auch für alle, die gerne dabei gewesen wären, Möglichkeit sein in der Rückschau und beim Nachlesen der verschiedenen Textstellen Anteil haben zu können.
Der Titel »Kardinal« kommt vom Lateinischen »cardo«, was so viel bedeutet wie Türangel. Das davon abgeleitete Adjektiv »cardinalis« ist zu übersetzen mit »wichtig«, »bedeutend«. In der Philosophie hat sich das Wort »Kardinaltugenden« eingebürgert, was nicht vom römischen Amt herkommt, sondern die vier »Haupt«-Tugenden meint: Klugheit, Tapferkeit, Gerechtigkeit und Mäßigkeit. Von dieser Bedeutung her hatte sich schon im alten christlichen Rom »Cardinalis« als Bezeichnung für den Kleriker einer der römischen Hauptkirchen ergeben, später auch der ranghöchsten Priester der Titelkirchen sowie der Bischöfe der sieben Diözesen rings um Rom (der sog. »suburbikarischen« Bistümer). Diesen »Hauptklerikern« wurde allmählich die Aufgabe der Papstwahl übertragen (endgültig und ausschließlich seit 1179). Seit der Mitte des 20. Jahrhunderts wurde das Kardinalskollegium zunehmend international. Der heilige Papst Johannes XXIII. überschritt erstmals die seit 1586/87 festgelegte Zahl von 70 Kardinälen. Mit Vollendung des 80. Lebensjahres erlischt das Papstwahlrecht. In den letzten Jahrzehnten wurden immer wieder verdiente Kleriker, zumeist bedeutende Theologen, die bereits das 80. Lebensjahr überschritten haben, in Anerkennung ihrer Verdienste für die Kirche gewissermaßen ehrenhalber zu Kardinälen erhoben, zuletzt in Deutschland Leo Kardinal Scheffczyk und Walter Kardinal Brandmüller und Karl Josef Kardinal Becker.
Mit dem Präfekten der Kongregation für die Glaubenslehre Kardinal Gerhard Müller ist nun unserem früheren Bischof von Regensburg diese große Verantwortung übertragen worden. Dieses Buch will das besondere Ereignis der Kardinalserhebung auch gebührend würdigen, dem neuen Kardinal für seine Verdienste um die Kirche danken und gleichzeitig einen herzlichen Gruß aus der »Heimat« senden.

Bischof Rudolf Voderholzer

DER ABSCHIED VON REGENSBURG

PREDIGT ZUR VERABSCHIEDUNG
VON ERZBISCHOF GERHARD LUDWIG MÜLLER
AM 23. SEPTEMBER 2012
IN REGENSBURG

Während meiner Münchner Zeit fiel mein Blick beim Betreten der Pfarrkirche, in der ich 16 Jahre lang die hl. Messe feierte, täglich auf eine Sonnenuhr mit dem lateinischen Spruch: *»ultima latet«*. Jeder, der das Gotteshaus betritt oder an ihm vorbeigeht, wird daran erinnert, dass im unaufhaltsamen Fluss der Zeit

seine letzte Stunde schon auf ihn wartet. Jeder – ohne Ausnahme – muss diese Welt und alles, was ihm lieb ist, zurücklassen. Auf diesen entscheidenden Augenblick können wir uns aber vorbereiten. Im Angesicht des Todes entscheidet sich, ob unser Leben einen Sinn hatte oder ob alles Mühen und Sorgen, Lieben und Leiden vergeblich war. Ein Seelsorger, der Todkranken und Sterbenden beisteht, sieht sich immer wieder konfrontiert mit dieser dramatischen Wahrheit über den Menschen. Wenn ein junges Mädchen, nach der Teilnahme am Weltjugendtag im blühenden Alter von 16 Jahren nach einer letzten Phase körperlichen Leidens und seelischer

Not sein Gesicht schon *»in Finsternis und Todesschatten«* (*Lk* 1,79) zum Heiland am Kreuz erhebt und sagt: *»Jesus ich liebe dich«*, dann spürt man die Gewissheit, dass der Tod doch nicht das Leben als absurd überführen kann. Der heilige Schriftsteller, der uns den Hebräerbrief im Neuen Testament geschenkt hat, sagt realistisch und ohne jeden Anflug von Illusion, was es mit der menschlichen Existenz auf sich hat: Es ist *»dem Menschen bestimmt, ein einziges Mal zu sterben, worauf dann das Gericht folgt«* (*Hebr* 9,27). Hoffnungsstark fährt er fort: So *»wurde auch Christus ein einziges Mal geopfert, um die Sünden vieler hinwegzunehmen«* und bei seiner Wiederkunft *»die zu retten, die ihn erwarten«* (*Hebr* 9,28).

Die Wende in dem menschlich betrachtet immer aussichtslosen Kampf zwischen Leben und Tod hat der herbeigeführt, der sich in Jesus Christus als Schöpfer der Welt und Vollender des Menschen geoffenbart hat. Der Apostel Paulus beschreibt die *conditio humana* vollkommen klar, wenn er im Römerbrief feststellt: *»Die Schöpfung ist der Vergänglichkeit unterworfen, nicht aus eigenem Willen, sondern durch den, der sie unterworfen hat«* (*Röm* 8,20). Der Sünde wegen ist alles der Vergänglichkeit unterworfen. *»Aber zugleich«*, so fährt Paulus fort, *»gab er ihr Hoffnung. Auch die Schöpfung soll von der Sklaverei und Verlorenheit befreit werden zur Freiheit und Herrlichkeit der Kinder Gottes«* (*Röm* 8,21).

Die einzige Macht, die dem Tod gewachsen ist, ist die Liebe Christi! Sie gibt uns eine Orientierung in der Zeit und eine Perspektive hinein in die Ewigkeit. Daher resignieren wir nicht, wühlen wir uns nicht in einen Weltschmerz hinein, lassen wir uns nicht von Todessehnsucht die Freude am Leben und unseren Lieben nehmen; daher werden wir auch nicht zynisch oder

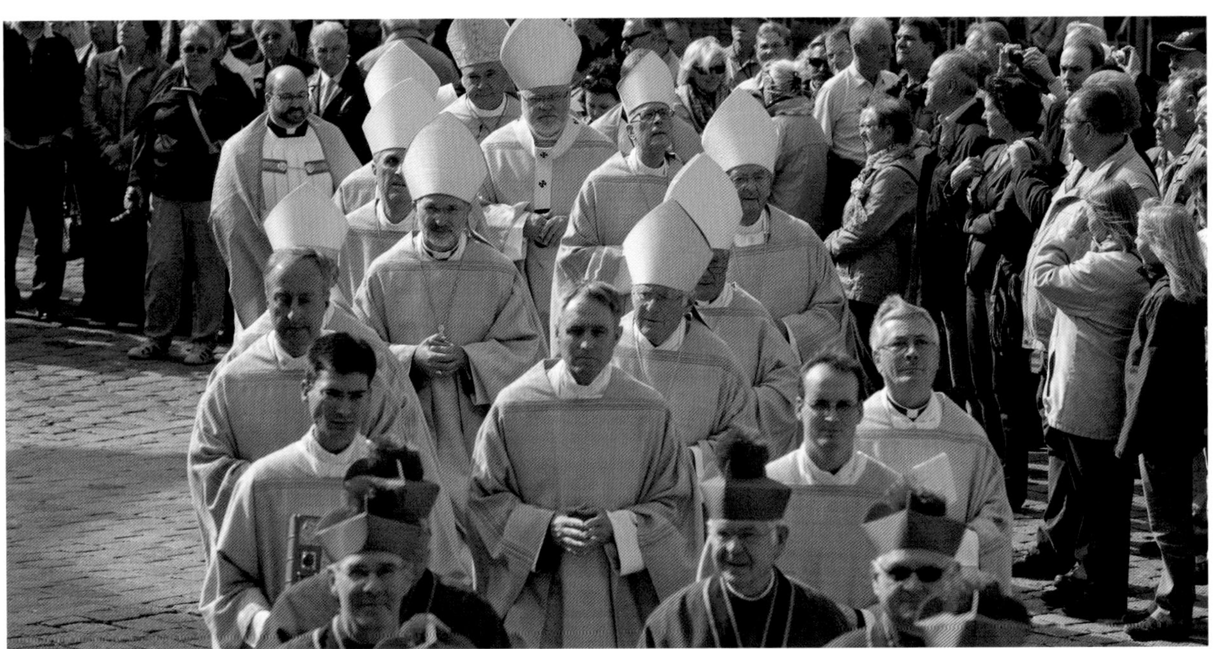

halten voll Hass auf Gott, den die Gläubigen verehren, die Endlichkeit nur heroisch aus. Wir flüchten auch nicht in einen Rausch von Genuss und Konsum, der die Angst vor dem Nichts überdröhnt und das Leben trivialisiert. So war und bleibt meine Lebensmaxime: frohes Gottvertrauen, tätige Nächstenliebe und heitere Gelassenheit.

Der an Christus Glaubende begreift seine Talente als Gaben Gottes, er erfüllt seine täglichen Aufgaben und Pflichten gegenüber Gott und dem Nächsten und trägt die Widrigkeiten des irdischen Weges und die Bosheiten von Zeitgenossen in der unerschütterlichen Gewissheit: *»Ist Gott für uns, wer ist dann gegen uns? Er hat seinen eigenen Sohn nicht verschont, sondern ihn für uns alle hingegeben – wie sollte er uns mit ihm nicht alles schenken?«* (*Röm* 8,31f.).

Um dieses Evangelium sammelt sich die Kirche. Sie bleibt der Welt die Botschaft vom Sieg des Lebens über Sünde und Tod, über das Absurde und Vergebliche, den Hass auf Gott und die Verachtung des Menschen nicht schuldig. Auch unter den erschwerten Bedingungen der Verweltlichung und eines Denkens und Verhaltens als ob Gott nicht da wäre, das auch viele Christen prägt, die sich der Bedeutung des Glaubens an Gott und seine Liebe nicht mehr recht klar sind, muss das Evangelium in seiner ganzen Fülle verkündet und gelebt werden. Wir können nicht dem anpassungsschlauen oder sogar verschlagenen Rat folgen, das Wort Gottes, das doch in Ewigkeit bleibt

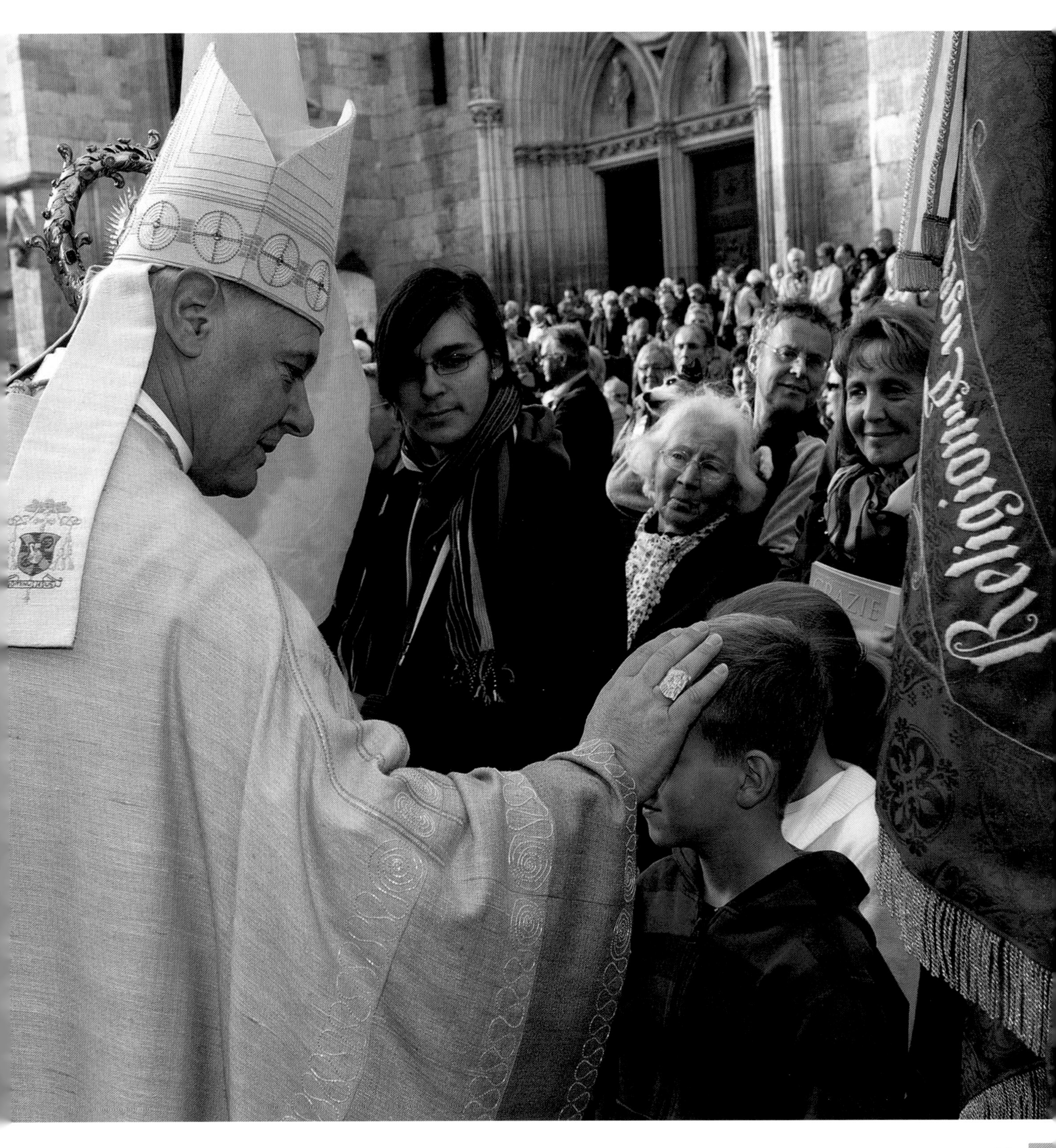

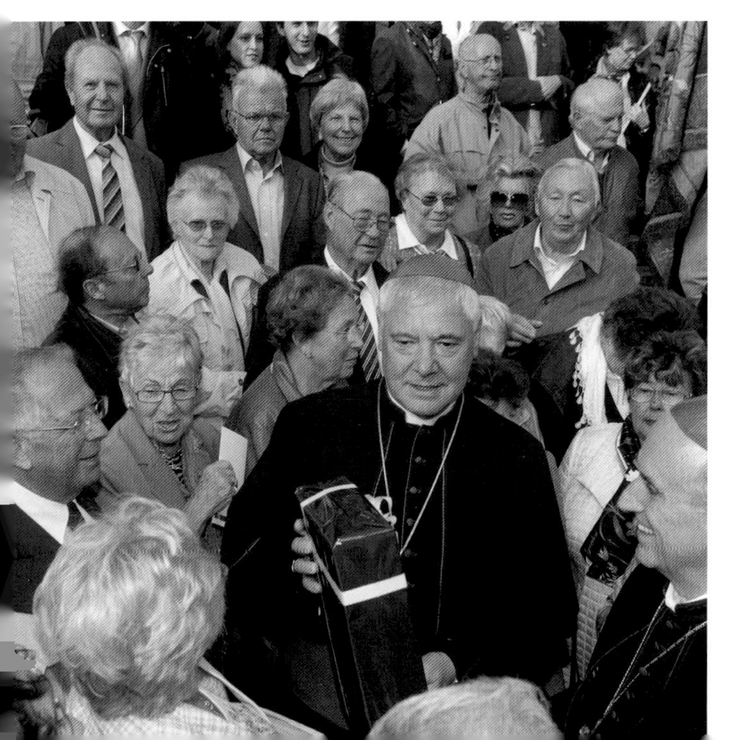

(vgl. *Petr* 1,25), auf dem Jahrmarkt von Meinungen und Ideologien feilzubieten, es wie ein Parteiprogramm der Wählergunst auszuliefern oder wie ein verwelktes Blatt im Meinungswind hin- und hertreiben zu lassen.
Wer sich der Wahrheit über den Menschen im Leben und Sterben voller Ernst und Würde stellt, der ist immun gegenüber den Verheißungen von Selbsterlösung und dem Sirenengesang des Wellness-Betriebs. Es ist evident, dass das Geschaffene nur der Weg des Menschen zu Gott, nicht aber das Ziel des Menschen sein kann!
Aus den Kulissen der sich entweder sanft oder schrill darstellenden »Welt ohne Gott« tritt der Nihilismus heraus wie ein Gespenst, das sich in einem lebensmüden Europa umhertreibt. Wie der Souffleur aus seinem Kasten flüstert es uns ein, alles sei nur Theater, viel Schein ohne Sein.

Bischofshof

Im Gegensatz zum Atheismus ist der Glaubende jedoch weltoffen, weil die Schöpfung die Güte Gottes uns gegenüber manifestiert. Die Schönheit der Natur, das Spannende der Geschichte, das Faszinierende in jeder Biographie ist nicht der falsche Schein des Nichts, sondern der Glanz des Kosmos, der vom Logos, der Vernunft des Wortes Gottes geordneten Welt, in dem sich die Herrlichkeit und Macht Gottes widerspiegelt.

Die Vernunft, mit der Gott uns Menschen ausgezeichnet hat, lässt sich nicht von den Zombies des Nihilismus und der Verzweiflung beeindrucken. Wer seine Situation bedenkt, der erfährt im Glauben an Gott, dass hinter der Welt der Erscheinungen das Sein Gottes, seine Wahrheit und Güte stehen, die uns ein unerschütterliches Fundament unter die Füße geben.

Die Schöpfung weist uns auf Gottes Gottsein und seine ewige Macht. Sie ist Anteilhabe am Sein und Leben Gottes. Sie ist nicht eine leere Endlichkeit, die wir auffüllen könnten oder eine absurde und verlorene Existenz in einem Kosmos, der auf unsere Fragen nicht antworten oder unsere Leiden nicht mitfühlen könnte. Die Welt in Geist und Materie, der Mensch mit Seele und Leib, mit seiner Freiheit und Vernunft, die Geschichte in der Verknüpfung der Einzelschicksale mit der gesamten Folge der Generationen, die ganze Schöpfung ist ein Beweis

für den Heilswillen Gottes. Von ihm her haben wir alles empfangen, was wir sind und haben.
Der Mensch schwebt nicht über dem leeren Abgrund, der ihn am Ende verschlingt oder ihn im Nirwana seines Personseins beraubt. Unser Leben liegt in Gottes Hand. Geschöpf Gottes zu sein, ist etwas grenzenlos Positives, das aller Negativität standhält. Gott verausgabt sich nicht in seiner Schöpfung, so dass zwischen ihm und uns eine Rivalität entstehen könnte. Je näher wir ihm im Glauben und in der Hoffung kommen, desto mehr erfahren wir den Gott der dreieinigen Liebe als den Garanten unserer Freiheit und als unseren Vollender in seinem Leben. Denn es heißt: *»Aus seiner Fülle haben wir alle empfangen, Gnade über Gnade«* (*Joh* 1,16).

In der großen geistigen Auseinandersetzung geht es heute weltweit – wie in jeder Epoche der Menschheitsgeschichte – nicht um Nebensächliches, Nervenkitzel und die Streitereien zwischen den selbsternannten Erlösern der Menschheit, die doch immer nur sich als betrogene Betrüger entlarven. Im Widerstreit von Tod und Leben gibt es nur einen Sieger! Das ist die Botschaft des Christentums, die die Kirche trägt und auch ihren Hirten und den Dienern des göttlichen Wortes tagtäglich Kraft und Zuversicht gibt: das Evangelium vom Sieg Christi über den Tod und die Erfüllung unserer Hoffung in der Auferstehung und im ewigen Leben.
»Verschlungen ist der Tod vom Sieg. Tod, wo ist dein Sieg? Tod, wo ist dein Stachel? (…) Gott aber sei Dank,

DANKE

der uns den Sieg geschenkt hat durch Jesus Christus, unseren Herrn« (1 *Kor* 15,54ff.).
Liebe Schwestern und Brüder! Das war – mit den Worten des hl. Paulus gesagt – die Triebfeder meiner Verkündigung als Oberhirte der Gläubigen im Bistum Regensburg vom Christkönigsfest 2002 bis heute. Im Blick auf die Zukunft empfehle ich mich Ihnen mit den Worten des Völkerapostels: *»Daher, geliebte Brüder und Schwestern, seid standhaft und unerschütterlich, nehmt immer eifriger am Werk des Herrn teil, und denkt daran, dass im Herrn eure Mühe nicht vergeblich ist«* (1 *Kor* 15,58).
Amen.

STI TV SCIS QVIA DILIGO TE
HINC VNA FIDES
MVNDO

DAS KONSISTORIUM

ANSPRACHE VON PAPST FRANZISKUS

SAMSTAG, 22. FEBRUAR 2014

»JESUS GING VORAUS«

(*MK* 10,32)

Auch in diesem Moment geht Jesus uns voraus. Er ist immer vor uns. Er geht vor uns her und bahnt uns den Weg… Und das ist unsere Zuversicht und unsere Freude: seine Jünger zu sein, bei ihm zu sein, ihm nachzugehen, ihm zu folgen…

Als wir gemeinsam mit den Kardinälen die erste heilige Messe in der Sixtinischen Kapelle gefeiert haben, war »gehen« das erste Wort, das der Herr uns vorgelegt hat: gehen und dann aufbauen und bekennen.

Heute kehrt dieses Wort wieder, aber als eine Geste, als das Handeln Jesu, das fortdauert: »Jesus *ging…*«. Das beeindruckt uns in den Evangelien: Jesus wandert viel umher, und während des Weges unterweist er die Seinen. Das ist wichtig. Jesus ist nicht gekommen, um eine Philosophie, eine Ideologie zu lehren… sondern einen »Weg« – einen Weg, der gemeinsam mit ihm zurückzulegen ist, und diesen Weg erlernt man, indem man ihn beschreitet, im Gehen. Ja, liebe Mitbrüder, das ist unsere Freude: mit Jesus zu gehen.
Und das ist nicht einfach, ist nicht bequem, denn der Weg, den Jesus wählt, ist der des Kreuzes. Während sie unterwegs sind, spricht er zu seinen Jüngern über das, was mit ihm in Jerusalem geschehen wird: Er kündigt sein Leiden, Sterben und seine Auferstehung an. Und sie sind »verwundert« und »haben Angst«. Verwundert, sicher, denn für sie bedeutete nach Jerusalem hinaufzugehen, am Triumph des Messias, an seinem Sieg teilzuhaben – das wird dann aus der Bitte von Jakobus und Johannes ersichtlich. Und Angst überkommt sie vor dem, was Jesus wird erleiden müssen und was auch sie zu leiden riskieren.
Im Unterschied zu den Jüngern von damals wissen wir, dass Jesus gesiegt hat, und wir dürften vor dem Kreuz keine Angst haben, ja, im Kreuz liegt unsere Hoffnung. Und doch bleiben auch wir immer noch im Menschlichen verhaftet, sind Sünder und der Versuchung ausgesetzt, wie die Menschen und nicht wie Gott zu denken. Und wenn man weltlich denkt, was ist dann die Folge? Im Evangelium heißt es: »Die zehn anderen Jünger … *wurden sehr ärgerlich* über Jakobus und Johannes« (V. 41). Sie wurden sehr ärgerlich. Wenn die Mentalität der Welt vorherrscht, kommen Rivalitäten, Neid und Parteiungen auf…
So ist dieses Wort, das der Herr heute an uns richtet, sehr heilsam! Es reinigt uns innerlich, wirft Licht in unser Gewissen und hilft uns, uns völlig in Einklang mit Jesus zu bringen und dies gemeinsam zu tun – in dem Moment, in dem sich das Kardinalskollegium mit der Aufnahme neuer Mitglieder vergrößert.
»Da *rief* Jesus *sie zu sich*« (*Mk* 10,42). Das ist die andere Geste Jesu. Auf dem Weg bemerkt er, dass es nötig ist, mit den Zwölfen zu reden; er hält an und ruft sie zu sich. Brüder, lassen wir zu, dass Jesus, der Herr, uns zu sich ruft! Lassen wir uns von ihm zusammenrufen. Und hören wir auf ihn, in der Freude, gemeinsam sein Wort aufzunehmen, uns von diesem Wort und vom Heiligen Geist belehren zu lassen, um in der Umgebung des Herrn immer mehr ein Herz und eine Seele zu werden. Und während wir so zusammengerufen, von unserem einzigen Meister »zu sich gerufen« sind, sage ich euch, was die Kirche braucht: Sie braucht euch, eure Mitarbeit und vor allem eure Gemeinschaft mit mir und untereinander. Die Kirche braucht euren Mut, das Evangelium bei jeder Gelegenheit zu verkünden – gelegen oder ungelegen – und Zeugnis für die Wahrheit zu geben. Die Kirche braucht euer Gebet, für den guten Weg der Herde Christi, – das Gebet – vergessen wir das nicht! –, das zusammen mit der Verkündigung des Wortes die erste Aufgabe des Bischofs ist. Die Kirche braucht eure Anteilnahme und euer Mitgefühl, vor allem in diesem Moment des Schmerzes und des Leidens in so vielen Ländern der Erde. Bringen wir gemeinsam unsere geistliche Nähe zu den kirchlichen Gemeinschaften, zu allen Christen, die unter Diskriminierung und Verfolgung leiden, zum Ausdruck. Wir müssen kämpfen gegen jede Diskriminierung! Die Kirche braucht unser Gebet für sie, damit sie stark im Glauben sind und auf Böses mit Gutem zu reagieren wissen. Und dieses unser Gebet weitet sich aus auf jeden Menschen, der aufgrund seiner religiösen Überzeugungen Unrecht erleidet.
Die Kirche braucht uns auch, damit wir Männer des Friedens sind und Frieden stiften mit unseren Werken, unseren Wünschen, unseren Gebeten: Frieden stiften! »Erbauer des Friedens«! Deshalb erflehen wir den Frieden und die Versöhnung für die Völker, die in diesen Zeiten von Gewalt, von Ausschließung und von Krieg heimgesucht sind.

Danke, liebe Mitbrüder! Danke! Gehen wir gemeinsam dem Herrn nach und lassen wir uns immer mehr von ihm zusammenrufen, mitten im gläubigen Volk, im heiligen gläubigen Volk Gottes, in der heiligen Mutter Kirche. Danke!

Ich, Gerhard Ludwig Müller,
der Heiligen Römischen Kirche Kardinal Gerhard Ludwig Müller, verspreche hiermit mit einem Eid,

dass ich von dieser Stunde an und mein Leben lang in beständiger Treue zu Christus und seinem Evangelium und in Gehorsam gegenüber dem Heiligen Petrus, der Heiligen Apostolischen Kirche von Rom, dem Obersten Hirten Papst Franziskus und seinen rechtmäßig erwählten Nachfolgern ausharren werde;

dass ich die Gemeinschaft mit der katholischen Kirche sowohl in meinen Worten wie in meiner Lebensführung stets wahren werde;

dass ich das, was mir zur Kenntnis gebracht wird, und alle mir anvertrauten Geheimnisse niemals zum Schaden der Kirche, oder um sie in Verruf zu bringen, bekannt machen werde;

dass ich schließlich mit großer Sorgfalt und Treue meine Pflichten gegenüber der Kirche tragen und erfüllen werde, in die ich berufen bin, meinen Dienst zu leisten, nach Maßgabe der rechtlichen Vorschriften.

Dazu helfe mir der allmächtige Gott.

Ego, Gerhard Ludwig Müller,
sanctæ romanæ Ecclesiæ Cardinalis Gerhard Ludwig Müller, promitto et iuro,

me ab hac hora deinceps, quamdiu vixero, fidelem Christo eiusque Evangelio atque obœdientem beato Petro sanctæque apostolicæ romanæ Ecclesiæ ac Summo Pontifici Francisco, eiusque successoribus canonice legitimeque electis, constanter fore;

communionem cum Ecclesia catholica, sive verbis a me prolatis, sive mea agendi ratione, me semper servaturum;

nuntia vel secreta omnia, quæ mihi concredita sint, numquam in Ecclesiæ damnum vel dedecus esse evulgaturum;

magna denique cum diligentia et fidelitate onera explere, quibus teneor erga Ecclesiam, in quam ad meum servitium exercendum, secundum iuris præscripta, vocatus sum.

Ita me deus omnipotens adiuvet.

Zum Lob des allmächtigen Gottes und zur
würdigen Ausrüstung des Apostolischen Stuhles
empfange das rote Birett,
das Zeichen der Kardinalswürde:

Für das Wohl und Gedeihen des christlichen Glaubens,
für Ruhe und Frieden des Volkes Gottes, und für die
Freiheit und Ausbreitung der Heiligen Römischen Kirche
sollt Ihr Euer Leben furchtlos einsetzen.

Ad laudem omnipotentis Dei
et Apostolicae Sedis ornamentum,
accipe biretum rubrum:
Cardinalatus dignitatis insigne,

per quod significatur usque ad sanguinis effusionem
pro incremento christianae fidei pace et quiete populi
Dei, libertate et diffusione Sanctae Romanae Ecclesiae
vos ipsos intrepidos exhibere debere.

Empfange den Ring aus der Hand Petri:
Wisse, dass durch die Liebe des Apostelfürsten
deine Liebe zur Kirche gestärkt wird.

Accipe anulum de manu Petri
et noveris dilectione Principis Apostolorum
dilectionem tuam erga Ecclesiam roborari.

Zur Ehre des allmächtigen Gottes und der heiligen Apostel Petrus und Paulus übertragen Wir dir den Titel Sant' Agnese in Agone. Im Namen des Vaters, des Sohnes und des Heiligen Geistes.

Ad honorem Dei omnipotentis et sanctorum Apostolorum Petri et Pauli, tibi committimus Titulum Sanctae Agnetis de Cryptis Agonis.
In nomine Patris, et Filii, et Spiritus Sancti.

EMPFANG IN DER GLAUBENSKONGREGATION

GRUSSWORT DES
STELLVERTRETENDEN
VORSITZENDEN DER DEUTSCHEN
BISCHOFSKONFERENZ
BISCHOF NORBERT TRELLE
SAMSTAG, 22. FEBRUAR 2014

Lieber Mitbruder Kardinal Müller, verehrte Festgäste!

Ab heute dürfen sich unser Land und unsere Kirche glücklich schätzen, zehn deutsche Kardinäle im »Senat des Papstes« zu wissen. Mit Deiner Erhebung zum Kardinal wirst Du, lieber Gerhard Ludwig, ganz persönlich vom Heiligen Vater ausgezeichnet. Dazu gratuliere ich Dir im Namen der Deutschen Bischofskonferenz und sicherlich auch im Namen aller hier Versammelten von Herzen! Herzlichen Glückwunsch lieber – man muss sich jetzt noch an die neue Anrede gewöhnen – Kardinal Gerhard Ludwig!

Ich bin dankbar, heute Mittag einige Worte an Sie, verehrte Gäste, richten zu dürfen. Von Herzen übermittele ich Dir, lieber Gerhard Ludwig, die aufrichtigen Grüße und den besonderen Glückwunsch des Vorsitzenden unserer Konferenz, Erzbischof Dr. Robert Zollitsch. Er kann leider heute, wie Du weißt, nicht hier sein. Deshalb ist mir die Ehre zugefallen, als stellvertretender Vorsitzender der Deutschen Bischofskonferenz, den Dank und die

Anerkennung jenes Gremiums hier in Rom zu übermitteln, dem Du selbst fast zehn Jahre angehört und das Du auf besondere Weise mitgeprägt hast.
Wer Kardinal Müller kennt, weiß um den rheinischen Humor des Mainzers, die herzliche Art und seine klare Position, wenn er eine Sache vertritt. So kennen wir unseren Mitbruder, gerade aus den gemeinsamen Jahren der Bischofskonferenz. Es ist schon eine bewegte Biographie des neuen Kardinals, die ich nicht im Detail ausführen muss: Vom Rhein bei Mainz über die Isar in München, die Donau in Regensburg an den Tiber in Rom – was will man mehr. Wer an Flüssen wohnt, der weiß um die Bedeutung von Brücken. Sie symbolisieren, worauf es an zwischenmenschlichem Miteinander und nicht weniger in der Kirche ankommt: Als Christ und vor allem als Verantwortungsträger in der Kirche gilt es, Brücken zu bauen zwischen Gott und den Menschen – und mitten in die Welt hinein. Daran erinnern die Städte Deines Wirkens mit ihren zahlreichen Flüssen und Brücken. Ich weiß, lieber Gerhard Ludwig, dass Du als Kardinal und als Präfekt der Kongregation für die Glaubenslehre in besonderer Weise gefordert bist, solche Brücken zu den Menschen und zur Welt zu bauen. Wir zählen dabei sehr auf Dich, auch und gerade die Kirche in Deutschland. Ich empfinde es als schönes und ermutigendes Zeichen, dass das Bistum Regensburg, in dem Du viele Jahre segensreich gewirkt hast, als Motto des nächsten Katholikentages, der im Mai in Regensburg stattfinden wird, das Brückenmotiv gewählt hat: »Mit Christus Brücken bauen.«
Dein Herzensanliegen in den Regensburger Jahren waren die lebendige Verkündigung und die Belebung des Glaubens. Das knüpft an die Zeit vor der Bischofsweihe an.

Nach einer gründlichen Ausbildung als Schüler von Karl Lehmann bist Du lange Jahre an der Universität München Professor der Theologie gewesen. Dabei gehörst Du zu den profiliertesten Theologen der Gegenwart. Besonders hast Du die zeitgemäße Darstellung des kirchlichen Glaubens in Deinen Fachgebieten der Dogmatik und Dogmengeschichte geprägt. Dein theologischer Sachverstand war und ist für uns ein Gewinn. Gerne denken wir deutschen Bischöfe an Dein vielfältiges Engagement in unserer Konferenz zurück und sind uns sicher, dass die Erfahrung dieser Jahre ihren Niederschlag auch in Deinem Wirken hier in Rom findet. Du hast ja mehrere Jahre mit Erfolg und großem Einsatz die Ökumenekommission unserer Konferenz geleitet. Dein Beitrag zum theologischen Gespräch mit den Kirchen der Reformation und mit der Orthodoxie in Deutschland fand viel Anerkennung. Ich erinnere mich aber auch an manche theologische Debatte in der Deutschen Bischofskonferenz, in die Du Dich mit Weitsicht und großer theologischer Kenntnis eingebracht hast.

Lieber Gerhard Ludwig! Du bist seit über drei Jahrzehnten als Priester tätig. Deine Gottesdienste und Predigten hier in Rom, aber auch bei den weltweiten Anlässen, die Du wahrnimmst, werden sehr geschätzt. Wer Dich erlebt, weiß nicht nur um das Amt des Präfekten der Kongregation, sondern auch um den bischöflichen Hirten. An das Hirtenamt bist Du heute Morgen in besonderer Weise erinnert worden, als der Heilige Vater, Papst Franziskus, Dir Deine Titelkirche als neuer Kardinal anvertraut hat. Die Titelkirchen sind ja Sinnbild für die bis ins 4. Jahrhundert zurückgehende Bindung der römischen Pfarrkirche an den Bischof von Rom. Beides, die priesterliche Verkündigung und die Bindung an den Bischof von Rom, kannst Du in Deinem Dienst aufs Beste vereinen. Das Herz dieses Dienstes bringt Dein bischöflicher Wahlspruch zur Geltung: »Jesus ist der Herr.« An ihn erinnern wir uns heute in der Feier des Konsistoriums und Deiner Kardinalserhebung. Ihm vertrauen wir, gerade in den herausfordernden Situationen unserer Tage. Auf ihn hoffen wir bei allen Fragen, die es im Licht des Evangeliums zu beantworten gilt. Das wünschen wir Dir, lieber Gerhard Ludwig: Erinnerung an, Vertrauen in und Hoffnung auf Jesus Christus, den Herrn der Kirche.

DIE HEILIGE MESSE MIT DEN NEUEN KARDINÄLEN

PREDIGT VON PAPST FRANZISKUS

BASILIKA SANKT PETER

SONNTAG, 23. FEBRUAR 2014

»MIT DEINER HILFE, BARMHERZIGER VATER, LASS UNS STETS AUFMERKSAM AUF DIE STIMME DES GEISTES HÖREN«

(vgl. *Tagesgebet*).

Dieses Gebet, das zu Beginn der Messe gesprochen wurde, erinnert uns an eine Grundhaltung: das Hören auf den Heiligen Geist, der die Kirche belebt und beseelt. Mit seiner schöpferischen und erneuernden Kraft stützt der Geist immer die Hoffnung des Gottesvolkes auf seinem Weg durch die Geschichte, und immer verleiht er als Paraklet – als Beistand – dem Zeugnis der Christen Stärke. In diesem Moment wollen wir alle gemeinsam mit den neuen Kardinälen die Stimme des Geistes hören, der durch die vorgetragenen Schriftlesungen spricht.

In der ersten Lesung ist der Aufruf des Herrn an sein Volk ertönt: »Seid heilig, denn ich, der Herr, euer Gott, bin heilig« (*Lev* 19,2). Und im Evangelium knüpft Jesus daran an: »Ihr sollt also vollkommen sein, wie es auch euer himmlischer Vater ist« (*Mt* 5,48). Diese Worte gehen als Jünger des Herrn uns alle an; und heute sind sie speziell an mich und an euch gerichtet, liebe Mitbrüder Kardinäle, und in besonderer Weise an euch, die ihr gestern ins Kardinalskollegium aufgenommen worden seid. Die Heiligkeit und die Vollkommenheit Gottes nachzuahmen, kann als ein unerreichbares Ziel erscheinen. Dennoch führen die erste Lesung und das Evangelium die konkreten Beispiele an, damit das Verhalten Gottes zur Regel unseres Handelns wird. Doch erinnern wir uns – erinnern wir uns alle! –, dass ohne den Heiligen Geist unser Bemühen umsonst wäre! Die christliche Heiligkeit ist nicht vor allem unser Werk, sondern ist Frucht der – gewollten und praktizierten – Folgsamkeit gegenüber dem Geist des dreimal heiligen Gottes.

Im Buch *Levitikus* heißt es: »Du sollst in deinem Herzen keinen Hass gegen deinen Bruder tragen … sollst … dich nicht rächen und … nichts nachtragen. Du sollst deinen Nächsten lieben« (19,17–18). Diese Verhaltensweisen entspringen aus der Heiligkeit Gottes. Wir hingegen sind gewöhnlich so anders, so egoistisch und stolz… und doch ziehen uns die Güte und die Schönheit Gottes an, und der Heilige Geist kann uns läutern, kann uns verwandeln, uns Tag für Tag formen. Diese Arbeit der Umkehr tun, Umkehr im Herzen, Umkehr, die wir alle – besonders ihr Kardinäle und ich – vollbringen müssen. Umkehr!

Im Evangelium spricht auch Jesus zu uns von der Heiligkeit und erklärt uns das neue Gesetz, das seine. Er tut das durch einige Gegenüberstellungen zwischen der unvollkommenen Gerechtigkeit der Schriftgelehrten und Pharisäer und der größeren Gerechtigkeit des Reiches Gottes. Die *erste Gegenüberstellung* des heutigen Evangelienabschnitts betrifft die Rache. »Ihr habt gehört, dass gesagt worden ist: »Auge für Auge und Zahn für Zahn.« Ich aber sage euch: … wenn dich einer auf die rechte Wange schlägt, dann halt ihm auch die andere hin« (*Mt* 5,38-39). Wir dürfen nicht nur dem anderen das Böse, das er uns angetan hat, nicht heimzahlen, sondern sollen uns anstrengen, großzügig Gutes zu tun.

Die *zweite Gegenüberstellung* bezieht sich auf die Feinde: »Ihr habt gehört, dass gesagt worden ist: »Du sollst deinen Nächsten lieben und deinen Feind hassen.« Ich aber sage euch: Liebt eure Feinde und betet für die, die euch verfolgen« (V. 43-44). Von dem, der Jesus nachfolgen will, verlangt er, den zu lieben, der es nicht verdient, ohne Gegenleistung, um den Mangel an Liebe auszugleichen, der in den Herzen, in den menschlichen Beziehungen, in den Familien, in den Gemeinschaften und in der Welt herrscht. Meine Mitbrüder Kardinäle, Jesus ist nicht gekommen, um uns gutes Benehmen, das Benehmen der feinen Gesellschaft zu lehren! Dazu brauchte er nicht vom Himmel herabzusteigen und am Kreuz zu sterben. Christus ist gekommen, um uns zu retten, um uns den Weg, den *einzigen* Ausweg aus dem Fließsand der Sünde zu zeigen, und dieser Weg der Heiligkeit ist die Barmherzigkeit, dieser Weg, den er gegangen ist und den er jeden Tag mit uns geht. Heilig zu sein, ist kein Luxus, es ist notwendig für das Heil der Welt. Das ist es, was der Herr von uns verlangt.

REFVLGET O PETRE DIXISTI

PIO IX PONT MAX
QVI PETRI ANNOS
IN PONTIFICATV ROMANO
VNVS AEQVAVIT
CLERVS VATICANVS
SACRAM ORNAVIT SEDEM
XVI KAL QVINT A MDCCCLXXI

Liebe Mitbrüder Kardinäle, Jesus, der Herr, und die Mutter Kirche verlangen von uns, diese Haltungen der Heiligkeit mit größerem Eifer und glühender zu bezeugen. Genau in diesem Mehr an ungeschuldeter, selbstloser Liebe besteht die Heiligkeit eines Kardinals. Lieben wir darum diejenigen, die uns feindlich gesonnen sind; segnen wir, die schlecht über uns sprechen; grüßen wir mit einem Lächeln, die es vielleicht nicht verdienen; trachten wir nicht danach, uns zur Geltung zu bringen, sondern setzen wir rechthaberischer Gewalt die Sanftmut entgegen; vergessen wir die erlittenen Demütigungen. Lassen wir uns immer vom Geist Christi leiten, der sich selbst am Kreuz geopfert hat, damit wir »Kanäle« sein können, durch die seine Liebe fließt. Das ist die Einstellung, das muss das Verhalten eines Kardinals sein. Der Kardinal – das sage ich speziell zu euch – tritt in die Kirche Roms ein, Brüder, nicht in einen Hofstaat. Vermeiden wir alle höfische Gewohnheiten und Verhaltensweisen wie Intrigen, Tratsch, Seilschaften, Günstlingswirtschaft, Bevorzugungen, und helfen wir uns gegenseitig, sie zu vermeiden. Unser Reden sei das des Evangeliums: Unser Ja sei ein Ja und unser Nein ein Nein; unser Verhalten sei das der Seligpreisungen und unser Weg jener der Heiligkeit. Beten wir noch einmal: »Mit deiner Hilfe, barmherziger Vater, lass uns stets aufmerksam auf die Stimme des Geistes hören!«

Der Heilige Geist spricht heute zu uns auch durch die Worte des heiligen Paulus: »Wisst ihr nicht, dass ihr Gottes Tempel seid? … Gottes Tempel ist heilig, und der seid ihr« (*1 Kor* 3,16-17). In diesem Tempel, der wir sind, wird eine Lebensliturgie gefeiert: die der Güte, des Verzeihens, des Dienens – in einem Wort: die Liturgie der Liebe. Dieser Tempel wird gleichsam entweiht, wenn wir die Pflichten gegenüber dem Nächsten vernachlässigen.

Wenn in unserem Herzen der Kleinste unserer Brüder Raum findet, dann ist es Gott selber, der dort Raum findet. Wenn jener Bruder ausgesperrt wird, ist es Gott selber, der keine Aufnahme findet. Ein Herz ohne Liebe ist wie eine entweihte Kirche, die dem Gottesdienst entzogen und für anderes bestimmt ist.

Liebe Mitbrüder Kardinäle, bleiben wir in Christus und untereinander geeint! Ich bitte euch, mir nahe zu sein, mit dem Gebet, dem Rat und der Zusammenarbeit. Und ihr alle, Bischöfe, Priester, Diakone, Personen gottgeweihten Lebens und Laien, tut euch in der Anrufung des Heiligen Geistes zusammen, damit das Kardinalskollegium immer brennender in der pastoralen Liebe, immer mehr von Heiligkeit erfüllt sei, um dem Evangelium zu dienen und der Kirche zu helfen, die Liebe Christi in die Welt auszustrahlen.

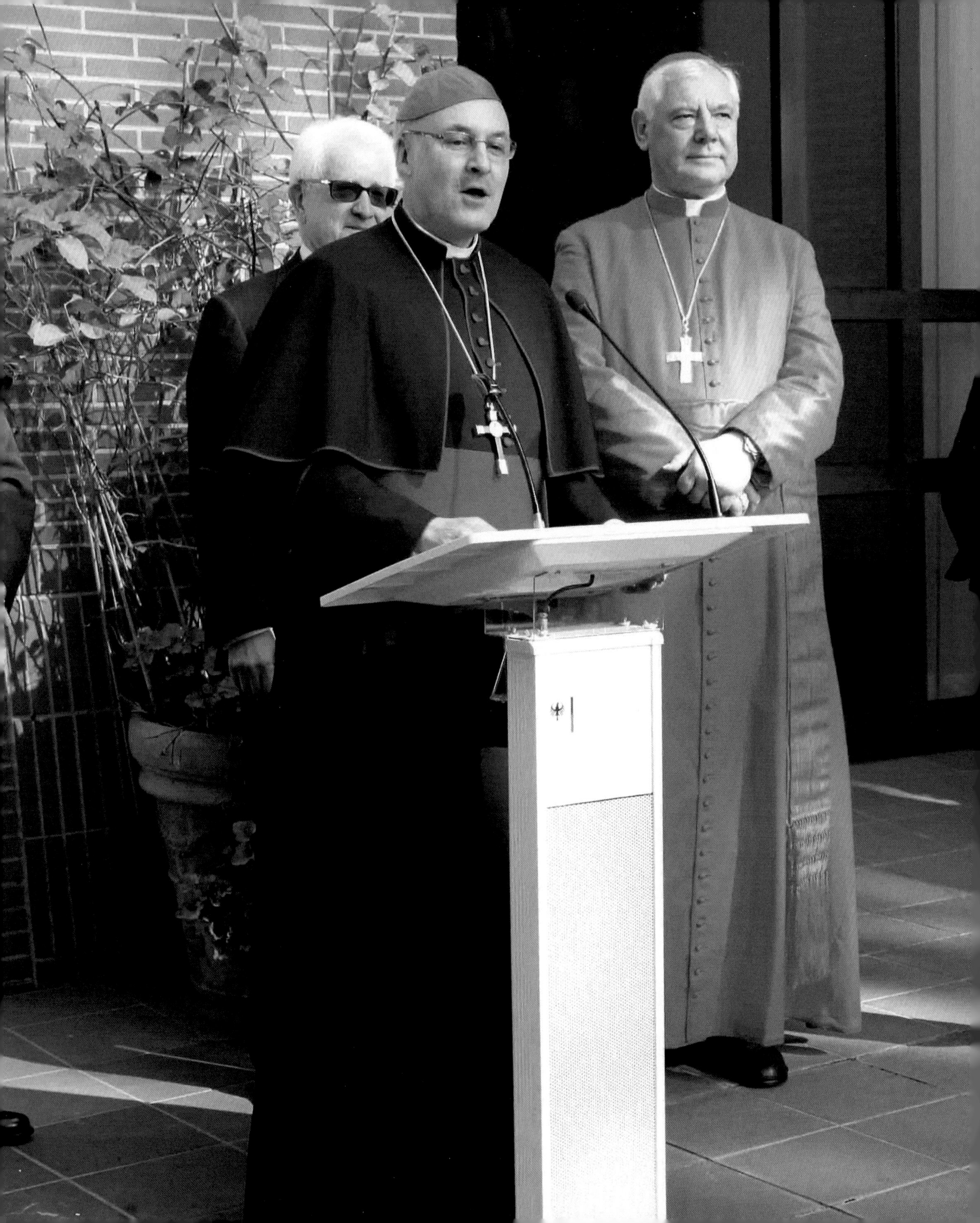

EMPFANG IN DER DEUTSCHEN BOTSCHAFT BEIM HEILIGEN STUHL

ANSPRACHE VON
BISCHOF RUDOLF VODERHOLZER
SONNTAG, 23. FEBRUAR 2014

Eminenz, lieber Gerhard Ludwig Kardinal Müller!
Wir werden uns daran gewöhnen müssen, Dich jetzt so anzusprechen.

Liebe Festgäste, es ist mir eine große Ehre, wenn ich jetzt doch ein paar Worte sagen darf im Namen des Bistums Regensburg, dem Du 10 Jahre vorgestanden bist und das Du mir wohlgeordnet übergeben hast.

Als am 12. Januar die Nachricht kam, dass Du am nächsten Konsistorium mit dabei sein wirst, waren wir in Regensburg nicht überrascht. In das bedeutenste Gremium der Katholischen Kirche, in das Beratungsgremium des Papstes, würdest Du aufgenommen werden.

Der Papst weiß um Deine außerordentlich große theologische Kompetenz. Du bist ein weltweit anerkannter systematischer Theologe, Deine katholische Dogmatik durch Studium und Praxis der Theologie ist in alle Weltsprachen übersetzt und dient nicht nur den Theologiestudenten auf der ganzen Welt als Vorbereitungsbuch für die Prüfungen, sondern auch Priestern und Bischöfen, vielleicht sogar Päpsten, als Nachschlagewerk.

Du bist international hervorragend vernetzt, auch das ein Zeichen der Bandbreite Deiner Publikationen und die Vielzahl der Sprachen, in denen die Publikationen übersetzt worden sind.

Du hast Dich verdient gemacht um das Werk von Papst Benedikt XVI., der Dir die Herausgabe seines Theologischen Werkes bis zum Jahre 2005 vorerst einmal anvertraut hat. Mittlerweile ist die Hälfte der Edition ja schon erschienen als Basis auch für die Übersetzungen in die anderen Weltsprachen. Du giltst, und das hat Papst Franziskus ja auch in wunderbarer Weise schon wahrgenommen und honoriert, als ein leidenschaftlicher Vertreter der wahren und berechtigten Anliegen einer Theologie der Befreiung. Es ist kein Zufall, dass Papst Franziskus Dir auch das Vorwort für das Buch, das in diesen Tagen jetzt veröffentlicht werden wird, hat schreiben lassen.

Du bist ein hervorragender Kenner der ökumenischen Landschaft und der Bemühungen um die Wiedergewinnung der sichtbaren Einheit der Kirche, sowohl im Blick auf die Orthodoxen Kirchen, als auch im Blick auf die Gemeinschaften, die aus der Reformation hervorgegangen sind. Dein wissenschaftliches Werk hat vor allem begonnen mit den Studien über die Sakramententheologie von Dietrich Bonhoeffer und du hast als Vorsitzender der Ökumenekommission in der Deutschen Bischofskonferenz hier maßgeblich gewirkt.

Die Regensburger waren also, und wahrscheinlich manche andere auch, nicht übermäßig überrascht über Deine Ernennung zum Kardinal, dennoch haben wir uns außerordentlich gefreut, wir können sagen, mit einem seit ein paar Jahren zum geflügelten Wort annocierten Ausdruck »Wir sind Kardinal geworden«.

Wir sagen herzlichen Glückwunsch auch zu Deiner neuen Titelkirche Sant' Agnese an der wunderbaren Piazza Navona, wo schon Karl Rahner, Dein verehrter und von mir sehr geschätzter Theologe gerne Eis gegessen hat. Du wirst wahrscheinlich nicht oft dazu kommen, auf der Piazza Navona Eis zu essen, aber wir Regensburger ...?

Also, es hat sich schon bis nach Regensburg herumgesprochen, dass es die Sant' Agnese an der Piazza Navona ist und vor allem, dass die Kirche schon gut renoviert ist. Wir haben aber festgestellt, dass es schon noch einiges zu tun gibt in Sant' Agnese, vor allem der Kirchenführer in der deutschen Ausgabe bedarf noch einer kleinen Überarbeitung. Aber wir stehen zur Stelle und werden uns dafür einsetzen, dass alle deutschen Pilger auch einen guten deutschen Kirchenführer für Sant' Agnese bekommen.

Wer die Texte im Zusammenhang mit der Kardinalskreierung gestern aufmerksam verfolgt hat, dem wird freilich ein Glückwunsch vielleicht ein bisschen im Halse stecken bleiben, heißt es doch da immerhin, dass vom neuen Kardinal erwartet wird ein Einsatz für das Evangelium, für die Kirche bis zum Blutvergießen.

Das bringt ja auch die neue Farbe, die Farbe des Biretts, zum Ausdruck. Und wenn der Papst sagt, das ist nicht einfach eine äußere Ehre, sondern eine umso größere Verantwortung, dann heißt das auch, dass jeder Glückwunsch verbunden sein muss mit dem aufrichtigen Versprechen für denjenigen, der in blutrot bekleidet ist auch zu beten, vor allem auch zu beten um die Fülle der Gaben des Heiligen Geistes, dass er diesem Amt auch gerecht werden kann.

Lieber Gerhard Ludwig, das Bistum Regensburg, Dein ehemaliges Bistum, verspricht Dir diese geistige Verbundenheit und auch das Gebet für das neue verantwortungsvolle Amt.

Lieber Herr Botschafter,

ich danke Ihnen und Ihrer Frau Gemahlin für diese freundliche Einladung, die wir jetzt auch wahrnehmen können, auch in diesem wundeschönen Garten, und ich begrüße meinerseits noch einmal herzlich alle Gäste.

In besonderer Weise natürlich die Gäste, die aus meiner Heimat Mainz kommen: Meinen Bruder an der Spitze der Verwandtschaft, aber auch die Vertreter von den früheren Wirkungsstätten München und Regensburg, sowie die vielen Deutschen, die für die Kirche in Rom wirken.

Ich habe diese Botschaft besonders schätzen und lieben gelernt durch viele Begegnungen.

Am Anfang von Lumen Gentinum, der Kirchenkonstitution des Zweiten Vatikanischen Konzils, steht, dass die Kirche Sakrament des Heiles der Welt und der Gemeinschaft mit Gott ist. Die Kirche ist Zeichen und Werkzeug im Dienst an der Einheit der Menschen untereinander.

Diesen Dienst übt der Heilige Vater mit den Botschaften sehr vieler Staaten hier in Rom aus. Ich bin dankbar, dass gerade die deutsche Botschaft am Heiligen Stuhl diesen Dienst mit besonderer Hingabe und großem Einsatz unterstützt.

DANKGOTTESDIENST MIT DER REGENSBURGER DELEGATION IN ROM

MIT GERHARD KARDINAL MÜLLER
IN DER BASILIKA SANKT PETER,
MONTAG, 24. FEBRUAR 2014

BESUCH IN DER HEIMAT

GERHARD KARDINAL
MÜLLER ZU BESUCH
IN MAINZ UND REGENSBURG
MAI 2014

Echo!

DAS CHRISTUSBEKENNTNIS DES PETRUS

Gerhard Kardinal Müller

Wir erinnern uns der berühmten Szene, als Jesus bei Cäsarea Philippi seine Jünger fragte: Für wen halten die Leute den Menschensohn? Damals wie heute sind die Meinungen über Jesus geteilt und widersprüchlich. Aber Jesus fragt dann die Apostel nach ihrer Einschätzung seiner Person und seiner Mission. Und jetzt legt Petrus stellvertretend für den Jüngerkreis und die gesamte Kirche Gottes zu allen künftigen Zeiten das Bekenntnis ab: »Du bist der Messias, der Sohn des lebendigen Gottes!« (*Mt* 16,16). Das Glaubensbekenntnis der Kirche ist, wie es der Sohn des lebendigen Gottes selbst bezeugt, grundgelegt in dem Offenbarungszeugnis Gottes über ihn. Jesus ist Gott von Gott und eines Wesens mit dem Vater, er hat Fleisch angenommen durch den Heiligen Geist und ist Mensch geworden aus der Jungfrau Maria. Er hat mitten unter uns Menschen gelebt in allem uns gleich außer der Sünde (*Hebr* 4,15). In der Offenbarung eröffnet uns Gott die tiefe Einsicht in das Wesen und Leben des dreieinigen Gottes. »Gott ist die Liebe« (1 *Joh* 4,8.12). Auf den Namen des Vaters und des Sohnes und des Heiligen Geistes sind wir getauft und eingegliedert in die Kirche, die der Leib Christi ist. Darum darf man die Kirche, die aus Menschen in der Gemeinschaft mit dem dreieinigen Gott besteht, nicht wie ein von Men-

schenhand- und verstand gemachtes Gebilde betrachten. Sie ist nach dem Bild Gottes geformt und somit eine Gott-menschliche Einrichtung. Sie dient als Zeichen und Werkzeug für die Realisierung des universalen Heilswillens Gottes im Fortgang der Geschichte und der Folge der Generationen, wie es das II. Vatikanische Konzil so eindrucksvoll erklärt hat. (Vgl. Lumen gentium 1–4).
So wie Petrus vor Ostern das Bekenntnis zu Jesus abgelegt hat zu Jesus dem Christus, so bekennt derselbe Petrus nach Ostern am Pfingsttag denselben Jesus als den universalen Mittler des Heils für alle Menschen. Petrus, der Sprecher und Repräsentant der jungen Kirche verkündet, dass Gott Jesus von den Toten auferweckt hat denen zum Trotz, die ihn ans Kreuz haben schlagen lassen. Jesus ist gekommen um das Reich Gottes aufzurichten, sowohl durch seine Verkündigung als auch durch seine Heilstaten an den Kranken, den Sündern und Toten an Leib und Seele. So hat ihn Gott sein Vater vor den Menschen beglaubigt und als den wahren Messias ausgewiesen durch »machtvolle Taten, Wunder und Zeichen« (*Apg* 2,22). Wenn wir das Christusbekenntnis vor und nach Ostern zusammenfügen, dann erkennen wir leicht die Wesensbestandteile des Glaubensbekenntnisses. Wir, die Getauften, glauben an Gott den Vater, den Sohn und den Heiligen Geist, wir glauben an den Schöpfer des Himmels und der Erde, seinen Heilsplan, den er in der Menschwerdung, im Leiden und der Auferstehung Christi von den Toten verwirklicht hat und den er im Heiligen Geist mittels der Kirche durch Wort und Sakrament vollendet. So kommen wir zur Auferstehung der Toten und zum ewigen Leben.
Dieses Zeugnis der Apostel für Jesus in seiner Person und seiner Sendung vom Vater, die Verkündigung des gesamten Heilswirkens Gottes für uns ist Grundlage und Mitte

des Lebens und der Mission seiner Kirche. Von den ersten Christen in Jerusalem nach Pfingsten heißt es kurz und bündig: »Sie hielten fest an der Lehre der Apostel und an der Gemeinschaft, am Brechen des Brotes und an den Gebeten« (*Apg* 2,42). Die Lehre der Apostel ist für uns in der nachapostolischen Zeit zusammengefasst in der Heiligen Schrift des Alten und Neuen Testaments als »Wort Gottes im Menschenmund« (1 *Thess* 2,13). Christus spricht zu uns und bleibt bei uns in der lebendigen Tradition der Kirche bis zum Ende der Welt. In der Verkündigung und Lehre der Kirche ist er selbst der eigentliche Lehrer, der uns anspricht. In der Feier der Sakramente vermittelt er selbst als der Hohepriester und Mittler des Neuen Bundes, seine Gnade. Durch den Dienst der Hirten seiner Kirche will er uns selbst auf die gute Weide führen, das heißt uns aufbauen und ernähren mit seiner Barmherzigkeit und Liebe und uns vor allen Gefahren für unser zeitliches und ewiges Heil beschützen. Das Wort Gottes in der Lehre der Apostel und der Kirche ist also nicht eine Meinung, eine Theorie zur Welterklärung, eine Meinung unter vielen. Verbunden mit der Sendung der Apostel zu allen Völkern und dem Taufbefehl gibt Jesus den Auftrag: ...und lehret sie alles zu halten, was ich euch geboten habe.« (*Mt* 28,19).

Das, was wir den Vorrang der römischen Kirche mit ihrem Bischof als dem Nachfolger Petri nennen, zeigt sich vielleicht am deutlichsten in dem Auftrag, den Jesus an Petrus gerichtet hat. Petrus, der Fels, auf den der Herr seine Kirche zu bauen verheißt, ist als schwacher Mensch schon wieder wankend geworden. Er will und kann nicht begreifen, dass der Messias durch das Leiden in seine Herrlichkeit eintritt. Und schließlich hat er seinen Herrn aus Menschenfurcht verlassen und dreimal verraten. Und doch sagt Jesus zu ihm bei Letzten Abendmahl: »Simon, Simon, der Satan hat verlangt, dass er euch wie Weizen sieben darf. Ich aber habe für dich gebetet, dass dein Glaube nicht erlischt. Und wenn du dich wieder bekehrt hast, dann stärke deine Brüder.« (*Lk* 22,32).

Und der auferstandene Herr offenbart sich den Jüngern am See von Tiberias und zeigt ihnen, dass sie von nun an in einem andern Beruf wirklich zu Menschenfischern werden. Sie sammeln Menschen in der Gemeinschaft der Kirche und bringen sie im Schifflein Petri sicher an Land, nämlich durch das Meer der Zeit in den Hafen der Ewigkeit. Und Simon Petrus, der dreimal seine Liebe zum wahren Hirten der Kirche und der ganzen Menschheit bezeugt, hört dreimal den Auftrag »Weide meine Lämmer und Schafe«. Der Menschenfischer ist auch der Hirte der universalen Kirche.

Mit anderen Worten ist hier vom Lehr- und Hirtenamt der Kirche die Rede, das in der Nachfolge Petri und der Apostel, der römische Bischof, der Papst, in Gemeinschaft mit allen Bischöfen ausübt.

Der Papst in Rom lässt sich in seinem universalen Lehramt von der Kongregation für die Glaubenslehre unterstützen, d. h. einer Gruppe von 25 Kardinälen und Bischöfen aus aller Welt mit den zugehörigen Stab von ständigen Mitarbeitern und einer großen Zahl von theologischen Beratern. Wie Sie wissen, hat Papst Benedikt im Jahr 2012 mich als damaligen Bischof von Regensburg nach Rom gerufen und zum Leiter dieser Kongregation. Diese Kongregation hat »die Aufgabe im Namen und der Autorität des Papstes in der ganzen Kirche den katholischen Glauben zu fördern und zu bewahren.«

Weltliche Kategorien wie Machtgefühl und Prestigegewinn sind hier wie überhaupt in der Kirche Gottes fehl am Platz. Es gilt vielmehr, was der Völkerapostel Paulus seinem Schüler und Nachfolger ans Herz legte: »Halte dich an die gesunde Lehre, die du von mir gehört hast; nimm sie dir zum Vorbild, und bleibe bei dem Glauben und bei der Liebe, die uns in Christus geschenkt ist. Bewahre das dir anvertraute kostbare Gut durch die Kraft des Heiligen Geistes, der in uns wohnt.« (2 *Tim* 1,13f). Die Aufgaben eines katholischen Bischofs in einem Bistum oder in der Kurie des Papstes sind verschieden. Doch der Dienst am Wort Gottes und der Lehre des Glaubens ist der gleiche, nämlich wie Petrus, »der Apostel Jesu Christi« (1 *Petr* 1,1) , zu bekennen: »Gott hat Jesus von den Toten auferweckt und ihm die Herrlichkeit gegeben, so dass ihr an Gott glauben und auf ihn hoffen könnt« (1 *Petr* 1,21). Amen.

REDE DER STAATSMINISTERIN FÜR ARBEIT UND SOZIALES, FAMILIE UND INTEGRATION, EMILIA MÜLLER

Heute ist ein wichtiger Tag für die katholische Kirche und für Regensburg. Der heutige Dankgottesdienst anlässlich Ihrer Kardinalserhebung, hochwürdigster Herr Kardinal Müller, hat uns in Regensburg zusammengeführt. Es ist mir eine besondere Freude und Ehre, Ihnen im Namen des Bayerischen Ministerpräsidenten und der gesamten Bayerischen Staatsregierung zu diesem verantwortungsvollen Amt zu gratulieren.

Auch ganz persönlich möchte ich Ihnen alle guten Wünsche mit auf den Weg geben.

Hochwürdigster Herr Kardinal Müller,

als Präfekt der Glaubenskongregation haben Sie eine hohe Verantwortung in der Weltkirche. Dabei obliegt Ihnen nun die ehrenvolle und wichtige Aufgabe, an der Seite des Papstes den Glauben in der ganzen katholischen Kirche zu bewahren und zu fördern. Dazu bringen Sie einen reichen Erfahrungsschatz als Wissenschaftler, bisheriger Bischof von Regenburg und hoch anerkannter Theologe mit.

Sie sind ein Kirchenmann von klarem Wort, sicherem Urteil und festem Glauben. In Ihrer Zeit in Lima haben Sie geistliche und mitmenschliche Erfahrungen mitten unter den Ärmsten der Armen gesammelt. Ihre Ernennung zeigt, welch hohes Vertrauen unser Papst in Sie hat. Gleichzeitig ist Ihre Berufung eine besondere Ehre für Bayern.

Wir alle sind froh und stolz, Sie, hochwürdigster Herr Kardinal Müller, in dieser wichtigen Aufgabe im Dienst unserer Kirche zu wissen. Und für die Bayerische Staatsregierung ist es schon etwas ganz Besonderes, Sie neben Benedikt XVI. in Rom zu haben.

Der Vatikan ist jetzt noch ein bisschen bayerischer geworden. Das erfüllt uns mit Stolz und Freude.

Alle unsere guten Wünsche begleiten Sie. Viel Erfolg, viel Kraft und Gottes Segen.

REDE VON OBERBÜRGERMEISTER JOACHIM WOLBERGS ZUR »STUNDE DER BEGEGNUNG«

Quer durch die Jahrhunderte hat der katholische Glaube Regensburg seinen Stempel aufgedrückt. Ablesbar wird das auf der einen Seite an Bauwerken wie beispielsweise dem Schottenkloster, dem Dom St. Peter oder dem Kloster St. Emmeram, die auch heute noch entscheidend dazu beitragen, dass unsere Stadt Menschen aus aller Welt in ihren Bann zieht.

Aber natürlich manifestiert sich der Katholizismus in Regensburg nicht nur in Bauwerken. Die Geschichte unserer Stadt ist auch ganz wesentlich beeinflusst durch Menschen, die sich um den Glauben verdient gemacht haben. Neben Papst Benedikt XVI., der lange Jahre an der Universität lehrte und 2006 bei seinem Besuch auf dem Islinger Feld viele Tausende Menschen begeisterte, hat auch Kardinal Gerhard Ludwig Müller zehn Jahre lang das christliche Leben in unserer Stadt geprägt.

Im Jahr 2014 sind es gleich zwei Ereignisse, die unmittelbar aufeinander folgen und in denen sich die Bedeutung des katholischen Glaubens für unsere moderne Gesellschaft manifestiert: Ich freue mich, dass der Besuch Eurer Eminenz quasi den Auftakt bildet zum Katholikentag, der Tausende von Gläubigen aus aller Welt in unserer Stadt zusammenführen wird. Denn es sind die Menschen, die den Glauben lebendig halten. Und zwar sicherlich auch, aber durchaus nicht nur diejenigen, die Führungspositionen innerhalb der Kirche innehaben, sondern gerade auch all diejenigen, die die Basis des Glaubens bilden.

Unter diesem Aspekt macht es mich besonders glücklich, dass Ihr Besuch so viele Menschen in unserer Stadt zusammengeführt hat. Ihnen wünsche ich für die anspruchsvolle Aufgabe, die Sie übernommen haben, viel Kraft und alles Gute.

GRUSSWORT VON PHILIP GRAF VON UND ZU LERCHENFELD, MDB, VORSITZENDER DES DIÖZESANKOMITEES

Mit großer Freude haben wir hier in Regensburg im vergangenen Januar die Nachricht aufgenommen, dass Papst Franziskus Sie, Eminenz Gerhard Kardinal Müller, in den Kardinalsrang erheben wird. Ich hatte die große Ehre, Ihnen bereits als Mitglied der Delegation des deutschen Bundestages am Tag Ihrer Kardinalskreierung gemeinsam mit vielen Regensburgern gratulieren zu können. Es war besonders eindrucksvoll, dass bei dieser feierlichen Zeremonie im Petersdom zwei Päpste anwesend waren, was wohl einmalig in der langen Geschichte der römisch-katholischen Kirche war. Die Anwesenheit von Papst Benedikt war ganz sicher auch ein Zeichen des besonderen Wohlwollens Ihnen gegenüber.

Von ganzem Herzen möchte ich Ihnen als Vorsitzender des Diözesankomitees der Katholiken im Bistum Regensburg heute noch einmal zu Ihrer Erhebung in den Kardinalsrang im Namen aller katholischen Laien gratulieren. Wir freuen uns darüber, dass Sie, als unser ehemaliger Diözesanbischof diese Auszeichnung durch Papst Franziskus erhalten haben. Seine freundliche Anmerkung, dass Ihr Festtag mit einem schönen kleinen Oktoberfest begangen wurde, zeigt, dass Papst Franziskus Sie persönlich sehr schätzt und auch anerkennt, dass wir Bayern eben wissen, wie man so einen Festtag richtig feiert. Die Gewichte in der katholischen Kirche verschieben sich mehr und mehr, die Bedeutung außereuropäischer Länder und Kontinente nimmt zu und die der europäischen Regionen geht deutlich zurück.

Sie, Eminenz Gerhard Kardinal Müller, sind eingebunden in die Beratung der drängenden Fragen unserer Zeit, auf die unsere Kirche Antworten finden muss. Als Präfekt der Glaubenskongregation arbeiten Sie in der Kurie in Rom eng mit Papst Franziskus zusammen. Ihre Erfahrungen als unser Diözesanbischof kommen Ihnen dabei ebenso zugute wie Ihre hervorragende Kenntnis des südamerikanischen Kontinents und Ihre guten Beziehungen zu vielen Mitbrüdern in aller Welt. Sie können und müssen einschätzen, wie sich Veränderungen in unserer Kirche weltweit auswirken. Ihr Blick muss über die Vorstellungen der Katholiken in Europa und in Deutschland hinausreichen. Sie müssen als Präfekt der Glaubenskongregation aber auch einschätzen, ob die Veränderungen in Einklang stehen mit unserer Glaubenslehre und den Traditionen unserer Kirche. Das ist ein besonders verantwortungsvolles Amt, das Ihnen erneut von Papst Franziskus im vergangenen Herbst anvertraut wurde.

Mit Ihnen, Eminenz, wurden 15 weitere Ihrer Mitbrüder im Alter von unter 80 Jahren in den Kardinalsrang erhoben. An der Auswahl der ernannten Kardinäle ist erkennbar, dass Papst Franziskus dem Wandel, den die katholische Kirche in den letzten Jahren durchgemacht hat, durchaus schon Rechnung trägt. Neben den vier Kurienkardinälen wurden nur zwei Europäer, aber vier Südamerikaner und zwei Kardinäle aus Afrika ernannt.
Wir sind daher besonders dankbar und auch ein klein wenig stolz, dass mit Ihnen und S. Em. Reinhard Kardinal Marx zwei herausragende Kirchenmänner aus Bayern zu den engsten Beratern unseres Papstes Franziskus zählen und S. Em. Walter Kardinal Kasper beim Konsistorium eine bedeutende Rede zu Reformen gehalten hat.
Wir wünschen Ihnen beiden in Ihren wichtigen Ämtern alles Gute und Gottes Segen.
Ihnen, hochwürdigste Eminenz, gratuliere ich im Namen aller katholischen Laien des Bistum Regensburg noch einmal sehr herzlich, und wir hoffen Sie auch in Zukunft immer wieder bei uns im Bistum begrüßen zu dürfen.

GRUSSWORT VON BISCHOF FRANTIŠEK RADKOVSKÝ

Die Stadt Regensburg ist eine privilegierte Stadt und die Diözese Regensburg ist eine privilegierte Diözese. Denn welche Städte können von sich behaupten, dass ein Papst sie seine Heimat nennt, und der Bischof zu einem hohen Dienst an der Universalkirche berufen wird. Ich gratuliere der Stadt und der ganzen Diözese.

Ich gratuliere Kardinal Müller zu dieser Ernennung herzlich. Ich erbitte ihm das Licht und die Kraft des Heiligen Geistes, die Freude in diesem Dienst an der universalen Kirche Gottes.

Liebe Gläubige, begleitet Kardinal Müller, der euch zehn Jahre gedient hat, täglich mit euren Gebeten!

DIE TITELKIRCHE DES NEUEN KARDINALS

DIE KIRCHE SANT' AGNESE
IN AGONE, AL CIRCO AGONALE,
DE CRYPTIS AGONIS
AN DER PIAZZA NAVONA ZU ROM

Die westliche Platzfront der römischen Piazza Navona in Zentrum der Ewigen Stadt wird von der mächtigen 54 m breiten Fassadenfront, den beiden 25 m hohen flankierenden Türmen sowie der gewaltigen Kuppel mit hohem Tambour beherrscht. Beiderseits wird die Schaufront von den Palastwänden des Palazzo Pamphili links und des Collegio Innocenziano rechts eingespannt.

Die Patronin der Kirche, die hl. Agnes, soll der Überlieferung nach am 21. Januar 258/9 oder 304 in einem Raume unter den Substruktionen der Sitzreihen des Circus des Kaisers Domitianus das Martyrium erlitten haben. Sicher bezeugt ist ein Kultraum zum Gedächtnis an die Glaubenszeugin erst im Itinerar von Einsiedeln aus dem 8. Jahrhundert. In spätantiker Zeit hat es möglicherwei-

se schon ein Oratorium gegeben. Begraben wurde die Heilige vor den Toren Roms. Im 4. Jahrhundert errichtete Constantia, die Tochter des Kaisers Constantin, die Kirche S. Agnese fuori le mura über ihrem Grab.
Die Gedächtniskapelle an der Piazza Navona wurde im Mittelalter von verschiedenen Orden betreut, bis sie unter Papst Callixtus II. 1123 in eine kleine Basilika umgestaltet wurde. 1417 ist sie bereits Pfarrkirche und 1517 erfolgte die Erhebung zum Kardinal-Priestertitel.
Im 17. Jahrhundert geriet die Kirche in das Blickfeld von Kardinal Giovanni Battista Pamphili, dem späteren Papst Innozenz X. (1645–1655), Mitglied der Familie Pamphili, die bereits seit 1470 Grundbesitz in der Gegend hatte und sich seit 1644 an der Südwestflanke der Piazza Navona einen neuen Palast durch den Architekten Girolamo Rainaldi erbauen ließ.
Papst Innozenz wollte die Kirche zur Familien- und Eigenkirche umgestalten. Ende Mai 1652 hob er die Pfarrei auf und versetzte die die Seelsorge versehenden Minderen Regularkleriker (Caracciolini) innerhalb von fünf Tagen nach S. Lorenzo in Lucina. Im August desselben Jahres schenkte der Papst seinem Neffen Camillo Pamphili den Bauplatz und ließ am 15. des Monats die Grundsteinlegung zum Neubau einer Kirche anschließend an den neuen Palast vornehmen. Die Ausführung übertrug der Papst dem fünfjährigen Söhnchen Camillos, Giovanni Battista.
Die Kirchen-Pläne hatten Girolamo Rainaldi (1570 – 1655) und sein Sohn Carlo (1611–1691) ausgearbeitet. Nach einem regen Baubeginn erlahmte im Juli 1653 die Baufreude aufgrund der knappen Geldmittel und des Missfallens des Papstes an den Plänen der Rainaldis, vor allem wegen der Missverständnisse um die Gestaltung der Freitreppe.
Der Neffe des Papstes, Camillo, der inzwischen die Bauleitung inne hatte, sowie Vater und Sohn Rainaldi, wurden vom Bau entfernt. Camillos Mutter und Schwägerin des Pontifex, Olimpia Maidalchini, unumschränkte Herrscherin am päpstlichen Hof, schaltete sich ein und versuchte ihren Günstling Gian Lorenzo Bernini (1598–1680) für die Weiterarbeit zu verdingen. Der Papst jedoch durchschaute das Vorhaben und entschied sich für Francesco Borromini (1599–1667), der am 7. August 1653 den Bau fortsetzen konnte. Der neue Architekt ließ Teile der Fassade demolieren und fügte seitlich zwei Achsen mit konvexer Ausbuchtung hinzu, die die Türme tragen sollten. Im Grundriss setzte Borromini an die seitlichen Kreuzarme Kapellen an. Im Zentralraum

im Inneren sollten die fast freigestellten Säulen den Eindruck erwecken, als trügen sie alleine die Kuppel. Die Baumassnahmen wurden mit größter Schnelligkeit vorangetrieben, sodass die Arbeiter sogar an Sonn- und Feiertagen erscheinen mussten. Im Spätsommer 1654 konnte bereits die Kuppelschale vollendet werden. Im Oktober unterdrückte der Papst den Kardinalstitel und übertrug ihn auf S. Agnese fuori le Mura. Zur Sicherung der finanziellen Mittel wurde die neue Kirche mit zwei Abteien in Alatri und Gubbio vereinigt. Trotz des eilig vorangetriebenen Baufortgangs erlebte der Papst die Vollendung nicht mehr. Mit seinem Tod am 7. Januar 1655 verlor Borromini das Interesse an der Kirche, obwohl der neue Papst Alexander VII. Olimpia zur Fertigstellung drängte. Im Juli übergab Olimpia wieder ihrem Sohn Camillo die Oberbauleitung, der sich vergeblich bemühte, Borromini zum Bauplatz zurück zu gewinnen. So ruhte der Bau zwei Jahre, bis Carlo Rainaldi Mitte 1657 die Kuppellaterne vollenden konnte. 1666 waren die Fassadentürme in Bau, im Inneren gestaltete Bernini die Gesimse. 1667 wurde die Freitreppe von Giuseppe Baratta errichtet. An der Ausmalung im Inneren in den Jahren 1667–1689 arbeiteten die Maler Giovanni Battista Gaulli (1667–1671), Ciro Ferri (1670–1689) und sein Schüler Sebastiano Corbellini.

Obwohl die Kirche noch nicht vollendet war, wurde das Gotteshaus am 17. Januar 1672 eingeweiht. 1720 –1724 wurde der Hochaltar nach einem Entwurf von Domenico Calcagni ausgeführt. Mit der Anbringung des Grabmals für Papst Innozenz X. im Jahre 1729 durch Giovanni Battista Maini an der Eingangswand unter der Orgelempore beendete man die Ausstattung im 18. Jahrhundert. Der Papst war ursprünglich bis 1677 im Petersdom beigesetzt und im Januar dieses Jahres nach S. Agnese in die Capella di S. Francesca Romana überführt worden. Im 19. Jahrhundert erfolgten Restaurierungen am Fußboden und an der Orgel, im Jahre 1949 eine größere Maßnahme und weitere im ersten und zweiten Jahrzehnt des 21. Jahrhunderts. 1998 ließ Papst Johannes Paul II. die Kirche zur Titeldiakonie erheben.

Die fünfachsige Kirchenfassade wird durch die beiden flankierenden Türme und die weit nach vorne über die Attikazone gerückte Kuppel beherrscht. Die konkav zurücktretenden drei Mittelachsen werden durch einen vorgesetzten, auf vier korinthischen Dreiviertelsäulen ruhenden Dreiecksgiebel betont, auf dem das plastische Wappen der Pamphili mit der Taube thront. Die beiden Glockentürme sind in einer unteren Zone mit der Fassade verbunden, während die beiden oberen Geschosse frei über der Attika zum Himmel streben. Die als reine Schaufassade konzipierte Front lässt nicht auf die Innenraumgliederung schließen. Der Grundriss zeigt ein Quadrat ohne Seitenschiffe, wird aber durch die eingestellten Säulen zum Achteck. Der kürzere flach geschlossene Längsarm wird von einem längeren Querarm mit Apsiden gekreuzt. In den vier Pfeilerschrägen sind in Nischen Altäre mit Marmorreliefs anstelle von Altarbildern eingelassen. In den Querschiffen tragen die Altäre vollplastische Figuren der hl. Agnes und des hl. Sebastian. Der Hochaltar zeigt ein Altarrelief, das die hl. Sippe darstellt.

Die reiche Innendekoration besteht aus Marmorintarsien, Stukkaturen aus z.T. vergoldeten Festons, Engelspaaren, Cherubsköpfchen, Rosetten, Muscheln u.ä. Das umlaufende Hauptgesims aus Stuckmarmor gestaltete Bernini. Fresken überziehen die gesamte Kuppelschale und die vier Pendentifs. Letztere sind das erste große Freskenwerk von Giovanni Battista Gaulli mit den Allegorien der Tugenden »Stärke«, »Mäßigung«, »Gerechtigkeit« und »Weisheit«. Die Kuppelschale ist ein Werk von Ciro Ferri mit einer Glorie der hl. Agnes. Sein Schüler Sebastiano Corbellini vollendete das grandiose Kuppelfresko nach 1689. Das vom französischen Kupferstecher Louis Dorigny wiedergegebene Kuppelgemälde Ferris übernahm in verschiedenen Partien der bayerische Freskant Georg Asam, der Vater der Künstlerbrüder Cosmas Damian und Egid Quirin, im Jahre 1707 in der Wallfahrtskirche

Frauenbrünnl bei Straubing. Geschickt verwendete Asam einzelne Figurengruppen oder Einzelpersonen aus dem römischen Heiligenhimmel seines Künstlerkollegen Ferri für die untere Kuppelschale des kleinen niederbayerischen Zentralbaus.

Die 1652 durch Carlo Rainaldi im Auftrag des Papstes Innozenz X. begonnene Hauskirche der Pamphili sollte die von Innozenz noch vor seiner Wahl zum Papst errichtete Kardinalsresidenz an der Piazza Navona einen noch bedeutenderen Ausdruck verleihen. Mit dem Einwirken Francesco Borrominis (1653–1655) auf Verlangen des Papstes in der Gestaltung der Fassade erlangte der Platz mit dem Vierströmebrunnen (1647–1651) von Bernini eine meisterhafte Dominante. Das gesamte Ensemble mit Palast, Kirche und Brunnen spiegelt nach Andreas Tönnesmann das Selbstbewusstsein und den Anspruch des Bauherrn wieder, als geistlicher und weltlicher Herrscher zugleich aufzutreten.

Hermann Reidel

LITERATUR:

Hempel, Eberhard, Carlo Rainaldi. Ein Beitrag zur Geschichte des römischen Barock, Diss. 1919

Buchowiecki, Walther, Handbuch der Kirchen Roms, Bd. 1, Wien 1967, S. 284–296

Eimer, Gerhard, La fabbrica di S. Agnese in Navona, 2 Bde., Stockholm 1970/71

Portoghesi, Paolo, Francesco Borromini. Baumeister des römischen Barock, Stuttgart – Zürich 1977, S. 165–168

Raspe, Martin, Borromini und Sant`Agnese in Piazza Navona. Von der päpstlichen Grablege zur Residenzkirche der Pamphili, in: Römisches Jahrbuch der Bibliotheca Hertziana 31, 1996,
S. 313–368

Schwaiger, Georg, in: Lexikon der Päpste und des Papsttums, Red. Bruno Steiner, Freiburg i.Br. 2001, Sp. 171–173 (Innozenz X.)

Tönnesmann, Andreas, Kleine Kunstgeschichte Roms, München 2002, S. 197